AF385267

CATALOGUE

D'ORNEMENTS

PAR RANSON, PILLEMENT, HUET

LIVRES A FIGURES

DESSINS

D'ARCHITECTURE ET D'ORNEMENT

Composant la Collection de M. DORIOT

Dont la vente aux enchères publiques aura lieu

HOTEL DES COMMISSAIRES-PRISEURS, RUE DROUOT, N° 9

SALLE N° 4

Les Vendredi 14 et Samedi 15 Avril 1882

A UNE HEURE ET DEMIE PRÉCISE

Par le ministère de Me **MAURICE DELESTRE**, Commissaire-Priseur,
27, rue Drouot, 27.

Assisté de **M. CLEMENT**, Marchand d'Estampes de la Bibliothèque Nationale,
rue des Saints-Pères, 3.

PARIS. — 1882

CATALOGUE

D'ORNEMENTS

PAR RANSON, PILLEMENT, HUET

LIVRES A FIGURES

DESSINS

D'ARCHITECTURE ET D'ORNEMENT

Composant la Collection de M. DORIOT

Dont la vente aux enchères publiques aura lieu

HOTEL DES COMMISSAIRES-PRISEURS, RUE DROUOT, N° 9

SALLE N° 4

Les Vendredi 14 et Samedi 15 Avril 1882

A UNE HEURE ET DEMIE PRÉCISE

Par le ministère de Me **MAURICE DELESTRE**, Commissaire-Priseur,
27, rue Drouot, 27.

Assisté de **M. CLEMENT**, Marchand d'Estampes de la Bibliothèque Nationale,
rue des Saints-Pères, 3.

PARIS. — 1882

CONDITIONS DE LA VENTE

Elle sera faite au comptant.

Les adjudicataires payeront *cinq pour cent* en sus des enchères.

ORDRE DES VACATIONS

DÉSIGNATION

ORNEMENTS

ET

LIVRES A FIGURES

1 — **Bailly** (J.). — Diverses fleurs mises en bouquets, désignées et gravées par J. Bailly. Douze pièces.

2 — **Baptiste** (J.-B. Monnoyer, dit). — Les Petits Bouquets, quatre pièces, — Les Vases diaphanes, huit pièces, — Les Vases opaques, neuf pièces, — Moyennes corbeilles, quatre pièces, — Grandes corbeilles en hauteur, trois pièces. — Grandes corbeilles en largeur, quatre pièces. — Les Couronnes, deux pièces. Ensemble, trente-quatre pièces.

    Rares.

3 — Bouquets de fleurs dans des vases. Six pièces gravées par Vauquer.

4 — Livre de toutes sortes de fleurs d'après nature. Douze pièces gravées par Vauquer.

    Très belles épreuves.

5 — **Beaumont**. — Recueil de dessins pour l'art et l'industrie, gravés par Adalbert de Beaumont. 105 feuilles en portefeuille.

6 — **Bléry** (Eugène). — Fleurs et plantes, à l'usage des dessinateurs, faites sur nature et lithographiées par Eug. Bléry. Seize pièces en 1 vol. in-fol., cartonné.

7 — **Blondel.** — Décorations pour intérieurs d'appartements. Vingt et une pièces.

8 — **Bonpland.** — Description des plantes rares cultivées à Malmaison et à Navarre, par Aimé Bonpland. Tome Ier. Paris, 1813. 1 vol. in-fol., cartonné.

9 — **Charpentier.** — Premier livre de différents trophées inventez par R. Charpentier, sculpteur du Roy, et gravé par Huquier. Suite de douze pièces.

Très belles épreuves avec marges.

10 — **Delafosse.** — *Trophées* avec attributs de chasse, de pêche, etc., meubles. Seize pièces.

11 — **Delessert** (Benjamin). — Icones selectæ plantarum quas in systemate universali ex herbariis, parisiensibus, præsertim ex lesseitiano descripsit. A. P. de Candolle. Paris, 1820-1823. 2 vol. grand in-4, cartonné.

12 — **Deneufforge.** — Frises, ornements pour bordures, et frises pour jardins. Dix-sept pièces.

13 — **Dessins.** — Compositions d'ornements et figures académiques. Trente et un dessins à l'aquarelle ou à la sanguine.

14 — Sous ce numéro il sera vendu par lots deux portefeuilles de dessins pour décorations d'étoffes dites Pompadour.

15 — **Divers.** — Ornements d'après Berain, Meissonier, Ranson, Marillier, etc. Douze pièces.

16 — **Drapiez.** — Encyclographie du règne végétal, présentant la figure, la description et l'histoire des plantes le plus récemment découvertes sur tous les points du globe, ou introduites dans les serres des jardins de l'Angleterre, de la Belgique, etc., ouvrage publié sous la direction de M. Drapiez. Bruxelles, 1833-1836. 4 vol. in-fol., demi-rel. bas., figures en couleur.

17 — **Duhamel.** — Traité des arbres et arbustes que l'on cultive en France en pleine terre, par Duhamel, seconde édition, considérablement augmentée. Paris, 1800-1809. 7 vol. in-fol., demi-rel. mar. rouge, dos et coins.

18 — **Gazette des Beaux-Arts.** — Les années 1875 et 1876, et 6 livraisons de 1877. En tout, trente livraisons.

19 — **Girault de Prangey.** — Choix d'ornements mo-resques de l'Alhambra, ouvrage faisant suite à l'atlas in-fol., Monuments arabes et moresques de Cordoue, Séville et Grenade, par Girault de Prangey. Paris, Hauser, sans date. 1 vol. in-fol., cartonné.

20 — **Guichard.** — Les tissus anciens, reconstitués à l'aide du costume, des miniatures et de documents inédits, par Ed. Guichard, architecte décorateur. Paris, chez l'auteur. In-fol. en livraisons.

21 — **Hessemer.** — Arabische und Alt. Italienische Bau-Verzierungen Gesammelt, gezeichnet und mit erlau-terndem, texte begleitet von f. M. Hessemer. Berlin, sans date. 1 vol. in-fol., cart.

22 — **Huet.** — Œuvres de J.-B. Huet, peintre français, gravé à l'eau-forte par lui, d'après ses dessins et tableaux. A Paris, chez Huet fils. 1 vol. in-fol., cart., contenant 93 sujets imprimés sur 39 feuilles.
  Rares.

23 — Œuvre de différents genres, dessinée par J. B. Huet, peintre du Roi, et gravée par Demarteau. A Paris, chez l'auteur. Cinquante-quatre pièces gravées à la sanguine.
  Rares.

24 — Pastorales et trophées. Onze pièces gravées à la san-guine par Demarteau.

25 — Trophées. Six pièces gravées à la sanguine, par De-marteau.

26 — Animaux et paysages. Trente-sept pièces.

27 — Le Départ d'une foire, par Jubier. En couleur.
  Très belle épreuve.

28 — La Bergerie, — La Basse-cour. Deux pièces gravées aux trois crayons, par Bonnet.
  Belles épreuves.

29 — **Huet.** — Vue d'une fontaine antique, — Paysages rustiques. Trois pièces en couleur, par Jubier.

30 — Le Matin, — Le Midi, — L'Après-Midi, — Le Soir. Suite de quatre pièces gravées aux trois crayons, par Demarteau.
Belles épreuves.

31 — Les Lapins, — Les Moutons. Deux pièces gravées aux trois crayons, par Bonnet.
Belles épreuves.

32 — La Jeune bergère, — Procris tuée d'un coup de flèche par Céphale, — Le Messager fidèle, — Pastorales, etc. Sept pièces gravées en couleur, par Demarteau et Bonnet.

33 — Le Lion malade, — Le Loup berger, — Repos du chasseur, etc. Cinq pièces gravées aux trois crayons, par Demarteau.

34 — **Japonaises** (Peintures). — Sous ce numéro, il sera vendu par lots 8 portefeuilles renfermant un grand nombre de gravures et dessins japonais.

35 — **Labbé** (Ch.). — Fleurs et fruits. Quarante-sept pièces reliées en 1 vol. in-fol., demi-rel. bas.

36 — Fleurs et fruits. Vingt-cinq pièces en 1 vol. in-fol., cartonné. Figures en couleur.

37 — **Leconte.** — Mélanges d'ornements divers, publiés par Émile Leconte. Paris, 1838, — Variété ou choix d'ornements, par Émile Leconte, 2e partie des Mélanges d'ornements. Paris, 1838. 2 vol. in-fol., cart.

38 — Album de l'ornemaniste, publié par E. Leconte. 1 vol. in-fol., demi-rel., toile.

39 — **Lepautre** (J.). — Sous ce numéro, il sera vendu par lots 212 pièces de l'œuvre de J. Lepautre.

40 — **L'Héritier** (Car. Dom. de Brutelle). — Stirpes novae aut minus cognitæ, descriptionibus illustratæ. Paris, 1785. 1 vol. in-fol., demi-rel. mar. rouge, contenant 84 planches et le titre.

41 — **L'Héritier** (Car. Dom. de Brutelle). — Sertum Anglicum, 1788. 34 planches et autres ouvrages du même auteur, 84 planches en 1 vol. in-fol., demi-rel. mar. rouge.

42 — **Liénard.** — Portefeuille de Liénard. Motifs inédits applicables aux arts industriels et somptuaires, choisis et mis en ordre par MM. P. Liénard et A. Doussamy. Paris, C. Claesen, sans date. 122 planches avec texte, en portefeuille.

43 — **Lièvre.** — Les Arts décoratifs à toutes les époques; par Édouard Lièvre. Paris, veuve A. Morel, 1870, 2 vol. in-fol., en portefeuille.

44 — **Magasin** des arts et de l'industrie, organe spécial des arts industriels, publié sous la direction de W. Baumer et J. Schnorr. Les sept premières années, 6 vol. in-4, demi-rel. bas.; la 7e année en livraisons.

45 — **Metzmacher.**—Portefeuille historique de l'ornement, recueil complet des meilleurs motifs dessinés et gravés d'après les anciens maîtres, par Metzmacher. Paris, A. Lévy, 1866. 1 vol. in-fol., en portefeuille.

46 — **Munting** (A). — Phytographia curiosa, exhibens arborum, fructicum, etc., icones; collegit et adjecit Franc. Kiggelaer. Lugd.-Bat., 1792. 2 tom. en 1 vol. in-fol., veau. Fig.

47 — **Pillement.** — Fleurs de fantaisie, — Parasols chinois. Onze pièces.

48 — Pêcheurs et chasseurs, — Oiseaux fantastiques. Douze pièces.

49 — Jeux chinois, — Les Sens. Dix pièces.

50 — Panneaux chinois. En largeur et en hauteur. Douze pièces.

51 — Recueil de fleurs chinois et autres propres à plusieurs usages, — Recueil de différentes fleurs de fantaisie dans le goût chinois, etc. Quatorze pièces.

52 — **Pillement**. — Bordures, — Livre de bouquets, corbeille et vases de fleurs. Neuf pièces.

53 — Recueil de plusieurs jeux d'enfants chinois. Quatorze pièces.

54 — Les mois de l'année. Douze pièces.

55 — Grands panneaux en largeur avec sujets chinois. Six pièces.

56 — Sujets chinois et fleurs de fantaisie. Vingt-huit pièces.

57 — Fleurs persanes et autres. Quatorze pièces.

58 — Deuxième recueil de différents bouquets de fleurs, dessiné par Jean Pillement. Dix pièces.

59 — Nœuds de rubans, — fleurs en plume, — fleurs en chenille. Quatorze pièces.

60 — Fleurs Idéales. Sept pièces. — Recueil de nouvelles fleurs de goût. Sept pièces. — Fleurs Baroques. Sept pièces. En tout vingt et une feuilles.

61 — Fleurs et bouquets, vases et corbeilles. Quinze pièces.

62 — Nouvelles suites de cahiers de fleurs naturelles et Idéales. — Nouvelles suites de cahiers arabesques chinois à l'usage des dessinateurs et des peintres. Trente-huit pièces en couleur.

63 — Figures chinoises, — Les sens, — Trophées. Dix-huit pièces.

64 — Etudes de différentes figures chinoises inventées et dessinées par J. Pillement. Premier et deuxième cahiers. Seize pièces.

65 — Petites baraques chinoises, — Cahier de barques et chariots, — Livre de chinois. Seize pièces.

66 — Recueil des tentes chinoises, — Cahier de six baraques chinoises, — Fontaines et jets d'eau. — Petits parasols chinois. Vingt-deux pièces.

67 — **Pillement**. — Sous ce numéro il sera vendu par lots un grand nombre de paysages, d'après Pillement, par divers graveurs en épreuves avant et avec la lettre.

68 — **Pyram de Candolle**. — Plantes rares du jardin de Genève, décrites par M. August. Pyram de Candolle. Genève, 1829. 1 vol. grand in-4, demi-rel. mar. rouge.

69 — **Ranson**. — Premier et deuxième cahier de chiffres, inventés par Ranson, gravés par Voysard. Dix pièces. Belles épreuves. Rares.

70 — Quinzième cahier de trophées de l'œuvre de Ranson, gravé par Berthault. Six pièces.

71 — Trophées et encadrements. Quatorze pièces de différents cahiers.

72 — Vases et corbeilles de fleurs. Quinze pièces.

73 — Deuxième suite de différents attributs, trophées et groupes de fleurs. Six pièces.
Cinquième cahier de trophées militaires. Six pièces.
Quatrième cahier de groupes de fleurs et attributs pastoraux. Six pièces.
Sixième suite de trophées de chasse par Ranson. Six pièces.
Septième cahier de trophées de musique. Six pièces.
Trois feuilles du huitième cahier. En tout trente-trois pièces.

74 — Septième, huitième, dixième et douzième cahiers d'ornement pour la boiserie d'appartement. Dix-huit feuilles de ces quatre cahiers.

75 — Quatrième cahier de groupes de fleurs d'ornements et trophées pour la décoration. Quatre pièces.

76 — Premier, deuxième, cinquième, sixième, cahiers de trophées, dessinés par Ranson, et gravés par Juillet et Berthault. Vingt-quatre pièces.

77 — Trophées. Huit feuilles des quinzième et troisième cahier.

78 — **Ranson.** — Sièges et dossiers de fauteuils. Dix pièces tirées de différents cahiers.

79 — Onzième cahier de groupes de fleurs et d'ornements, gravé par Berthault, coloriées.

80 — Panneaux pour la décoration. Huit pièces tirées de différents cahiers.

81 — Fleurs. Treizième cahier complet, plus quatre feuilles d'un autre cahier. Dix pièces.

82 — Livre de trophées des arts et sciences, dans un nouveau goût, inventés dessinés par Ranson, peintre décorateur. Vingt-cinq pièces de différentes suites.

83 — **Recueil** d'ornements et de vignettes, d'après Blondel, Berthault, Eisen, Choffard, etc. Cent cinquante-cinq pièces.

84 — **Redouté** (P. J). — Les Liliacées, décrites par M. de Candolle, pour les tomes I à IV ; F. de la Roche, pour les tomes V et VI,. Paris, l'auteur An X, 1802-1812. 6 vol. grand in-fol. cart. fig. en couleur.

85 — Les septième et huitième volumes en portefeuilles. Incomplets.

86 — Les roses. Cent cinquante-huit planches en couleur dans un portefeuille.

87 — Choix des plus belles fleurs prises dans différentes familles du règne végétal et de quelques branches des plus beaux fruits, gravées, imprimées en couleur et retouchées au pinceau... dédié à L. L. A. A. R. R. les princesses Louise et Marie d'Orléans, par P. J. Redouté. Paris, 1827. 1 vol. in-fol. demi-rel. mar. rouge, dos et coins.

88 — **Redouté et de Candolle.** — Plantes grasses. 1 vol. in-4, cartonné fig. en couleur.

89 — **Reynard** (O). — Ornements des anciens maîtres des xve, xvie, xviie et xviiie siècles, recueillis par Ovide Reynard, et gravés sous la direction des meilleurs artistes. Paris, Hauser. 1815. Deux cent dix-huit planches, reliées en trois volumes in-fol. demi-rel. bas.

90 — **Rousseau**. — La botanique de J. J. Rousseau, ornée de soixante-cinq planches imprimées en couleurs, d'après les peintures de P. J. Redouté. Paris. an XIV. — 1805. 1 vol. in-fol. demi-rel. mar. rouge, avec une lettre autographe de Redouté.

91 — **Salembier**. — Trophées. Huit pièces gravées à la sanguine, sous la direction de Bonnet.

92 — Fleurs. Dix-sept pièces en noir et à la sanguine.

93 — Modèles d'ornements. Vingt-quatre pièces en noir et à la sanguine.

94 — **Salembier et Prévost**. — Fleurs. Vingt pièces en noir et à la sanguine.

95 — **Suite** aux mélanges d'archéologie rédigés ou recueillis par les auteurs des vitraux de Bourges. (Les P. P. Ch. Cahier et Arth. Martin de la compagnie de Jésus.) Paris, A. Morel, 1868. 2 vol. in-fol, en portefeuilles.

96 — **Vauquer**. — Motifs de fleurs. Onze pièces.

97 — Vases de fleurs, propre pour peintres, brodeurs et dessinateurs. Vingt-sept pièces.

98 — Corbeilles et groupes de fleurs. Douze pièces.

99 — Groupes de fleurs. Sept pièces.

100 — Bouquets de fleurs naturelles. Quarante et une pièces.

101 — Arabesques et fleurs. Quatre pièces.

102 — **Vauquer et Baptiste**. — Corbeilles et vases de fleurs. Vingt-cinq pièces.

103 — **Ventenat**. — Jardin de la Malmaison, par E. P. Ventenat. A Paris, de l'imprimerie de Crapelet. An XI, 1803-1804. 2 vol. in-fol. demi-rel. mar. rouge, dos et coins, fig. en couleur.

104 — **Ventenat.** — Description des plantes nouvelles et peu connues, cultivées dans le jardin de J. M. Cels, avec figures, par E. P. Ventenat. A Paris, de l'imprimerie de Crapelet. An VIII. 1 vol. in-fol. demi-rel. bas.

105 — Description des plantes nouvelles et peu connues, cultivées dans le jardin de J. M. Cels, avec figures par E. P. Ventenat. A Paris, de l'imprimerie de Crapelet. An VIII. 1 vol. grand in-4, cartonné.

106 — Choix de plantes, dont la plupart sont cultivées dans le jardin de Cels, par E. P. Ventenat. A Paris, de l'imprimerie de Crapelet. An XI, 1803. 1 vol. in-fol. demi-rel. bas.

107 — **Vignettes.** — Fleurons, en-têtes de page, titres de livres, etc., par Eisen, Huet, Choffard, Sébastien le Clerc, Marillier, Lebarbier, etc., Cinquante-sept pièces.

108 — Titres, en-têtes de page, fleurons et figures, d'après Eisen, Cochin, Marillier, Gravelot, etc. Cent soixante-seize pièces. Plusieurs sont avant la lettre, ou à l'eau-forte.

109 — Fleurons, en-têtes de page, titres et vignettes, d'après Eisen, Marillier, Choffard. B. Picart, etc., tirés de livres du xviiie siècle. Quatre cent vingt-neuf pièces reliées en 1 vol. in-fol. demi-rel. mar. rouge. Un assez grand nombre de ces pièces sont avant la lettre, tirage hors texte.

110 — **Vivares et Peyrotte.** — Sujets chinois avec ornements rocaille. Dix pièces.

110—1 — **Bourgoin.** — Les Arts arabes. Architecture, menuiserie, bronzes, plafonds, revêtements, marbres, etc., avec une table descriptive et explicative, et le trait général de l'art arabe, par Jules Bourgoin, architecte. Paris, veuve A. Morel, 1873. 1 vol. in-fol. en portefeuille.

110—2 — **Cahier.** — Nouveaux mélanges d'archéologie, d'histoire et de littérature sur le moyen âge, par les auteurs de la Monographie des vitraux de Bourges. Collection publiée par le P. Ch. Cahier. Paris, Firmin-Didot frères, 1875. 1 vol. grand in-4, broché.

110—3 — **Clerget.** — Mélanges d'ornements composés et gravés par C. E. Clerget. 1 vol. in-fol., cart

110—4 — **Jones** (Owen). — Examples of chinese ornament selected from objects in the South Kensington Museum and other. Collections by Owen Jones. London, 1877. 1 vol. grand in-4, cart. Fig. en couleur.

110—5 — **Lefuel.** — Les Appartements de l'impératrice au palais des Tuileries, décorés par M. Lefuel, architecte de l'empereur, publiés par Eugène Rouyer, architecte. Vingt planches et un titre in-fol., en portefeuille.

110—6 — **Lenoir.** — Nouvelle collection d'arabesques propres à la décoration des appartements, dessinées à Rome par Lavallée, Poussin et autres célèbres artistes; gravées par Guyot. Précédée d'une notice historique sur le genre arabesque, et d'une explication raisonnée des planches de la collection, par M. Alexandre Lenoir. A Paris et à Strasbourg, chez Treuttel et Wurtz. 1 vol. grand in-4, cart.

110—7 — **Parvillée** (Léon). — Architecture et décoration turques au xvᵉ siècle, par Léon Parvillée, avec une préface de E. Violet-le-Duc. Paris, veuve A. Morel, 1874. 1 vol. in-fol., en portefeuille. Fig. en couleur.

110—8 — **Queverdo.** — Décorations intérieures, époque Louis XVI, fruits, dessus de porte, panneaux, attributs, etc., par Fr. M. Queverdo. Paris, A. Morel et Cᴵᵉ, 1 vol in-fol. demi-rel. mar. brun.

110—9 — Sous ce numéro, il sera vendu par lots un grand nombre d'ornements, fleurs et livres à figures.

DESSINS

ARCHITECTURE ET ORNEMENTS

ABBATE (NICOLO DEL)

111 — Décoration pour plafond.

A la plume et lavis de bistre.

ADAM

112 — Haut d'une corniche avec écusson soutenu par deux amours.

A la sanguine.

ALBERTI (CHERUBINO)

113 — Un Casque soutenu par deux amours.

Au crayon noir et sanguine.

114 — Portiques.

Deux dessins à la plume et lavis de bistre.

ALBERTOLLI

115 — Arabesques.

Quatre dessins à la plume et lavis de bistre.

ANONYMES FRANÇAIS (xviie et xviiie siècles)

116 — Fleurons. Quatre sujets sur une même feuille.

A la plume et lavis d'encre de Chine.

117 — Trophées et croquis divers.

Quatre dessins à la plume.

118 — Fleurons et croquis.

Vingt-trois dessins à la plume.

119 — Guirlandes et bouquets de fleurs.

Trois dessins à l'aquarelle.

120 — Arabesques, — Cheminées, — Vue d'un monument, etc.

Six dessins au lavis d'encre de Chine et aquarelle.

ANONYMES FRANÇAIS (xvII^e et xvIII^e siècles)

121 — Arabesques et croquis.
  Trois dessins au crayon noir et à la plume.

122 — Monuments en ruines. — Entrée d'un palais, etc.
  Quatre dessins au lavis d'encre de Chine et d'aquarelle.

123 — Arabesques formées de vases et ornements.
  Deux dessins au lavis de bistre.

124 — Corniche avec figures d'anges, — Un mascaron, —
  Projet pour une fontaine, etc.
  Cinq dessins.

125 — Frises d'ornements, — Portes et Monuments.
  Cinq dessins.

126 — Tombeaux et arabesques.
  Quatre dessins à la plume et lavis de bistre.

127 — Fleurs.
  Quatre dessins.

128 — Arabesques et fleurons.
  Six dessins.

ANONYMES ALLEMANDS (xvII^e et xvIII^e siècles)

129 — Décoration avec figures et attributs militaires, — Sujet
  religieux, etc.
  Quatre dessins.

130 — Décoration d'église, — Cheminées, — Fontaine et
  plafond.
  Quatre dessins.

131 — Plafond, — Armoiries et arabesques.
  Six dessins à la plume, lavis d'encre de Chine et Aquarelle.

132 — Figures décoratives pour dessus de portes. — Sept
  sujets sur une même feuille.
  A la plume et lavis d'encre de Chine.

ANONYMES ITALIENS (xviiᵉ et xviiiᵉ siècles)

133 — Trophées et décorations diverses.
> Quatre dessins à la plume et lavis de bistre.

134 — Attributs guerriers, — Plafond, — Statue de vierge, etc.
> Quatre dessins.

135 — Cartouche et ornementation pour églises.
> Quatre dessins.

136 — Plafond, — Enfants et tritons, — Cheminée, etc.
> Cinq dessins.

137 — Vases, — Tables, — Frise d'ornements et croquis divers.
> Cinq dessins.

138 — Entrée d'un palais, — Étude d'une tête de cheval.
> Deux dessins à la plume et lavis de bistre.

139 — Hôtel des comédiens italiens ordinaires du roi, année 1778.
> A la plume et lavis d'encre de Chine.

BEAUCÉ (V.)

140 — Ornementation avec attributs religieux, pour une église.
> A la sanguine.

BERAIN (J.)

141 — Catafalque d'un prince.
> A la plume et lavis d'encre de Chine.

142 — Décorations pour fêtes publiques.
> Trois dessins à la plume, et lavis d'encre de Chine.

BERNIN (LE CAVALIER)

143 — Décoration pour un dessus de cheminée.
> A la plume et lavis de bistre.

BIBIENA

144 — Ornementation pour un plafond.
A la plume et lavis d'encre de Chine.

145 — Un Chœur d'église.
A la plume et lavis de bistre.

146 — Corniche pour plafond.
Au crayon noir, rehaussé de blanc.

147 — Intérieur d'une église, — Décoration pour plafond.
Deux dessins à la plume et lavis d'encre de Chine.

148 — Décoration pour un autel.
Beau dessin à la plume et lavis d'encre de Chine.

149 — Mausolée à la gloire d'un guerrier illustre.
Beau dessin à la plume et lavis d'encre de Chine.

150 — Entrée d'un palais.
Beau dessin au lavis d'encre de Chine et d'aquarelle.

151 — Plafond pour un riche palais.
A la plume et lavis d'encre de Chine.

152 — Un intérieur d'église.
Beau dessin à la plume et lavis de bistre.

153 — Galerie d'un palais.
A la plume et lavis d'encre de Chine et de bistre.

154 — Décoration intérieure d'un riche palais.
A la plume.

BLONDEL

155 — Entrée d'un palais.
A la plume et lavis d'encre de Chine.

BORROMINI

156 — Trophée avec les attributs de la papauté.
A la plume et lavis de bistre.

BOSSE (d'après)

157 — Vases et console.

Trois pièces gravées au trait par Taraval, gouachées.

BOUCHARDON (Éd.)

158 — Figures de femmes et croquis divers, sur une même feuille.

A la sanguine.

159 — Un tombeau avec figures allégoriques.

Au crayon noir et blanc.

160 — Bases de colonnes.

A la sanguine.

BOUCHER (F.)

161 — Groupe d'amours.

Aux crayon noir et blanc, sur papier bleu.

162 — Le Printemps, arabesque en hauteur.

Au crayon noir.

BOUCHER (Fils)

163 — Côté d'un salon, avec ornements et trophées.

A la plume et lavis d'encre de Chine.

BOYVIN (René)?

164 — Panneau décoratif, avec figures.

A la plume et lavis d'encre de Chine.

CAILLOUET

165 — Balcons. Quatre sujets sur une même feuille.

A la plume et lavis d'encre de Chine.

CANUC

166 — Orgues pour églises.

Deux beaux dessins à la plume et lavis d'encre de Chine et de bistre.

CAUVET

167 — Trophées pour dessus de portes. Deux sujets sur une même feuille.

Au lavis d'encre de Chine.

168 — Arabesques. Six sujets sur deux feuilles.

Au crayon noir.

169 — Montant d'ornement ; en bas, une figure chimérique ailée, avec tête de femme.

A la sanguine.

170 — Arabesque en hauteur.

A la sanguine.

CHARMETON

171 — Grotesques. Deux sujets sur une même feuille.

Au crayon noir, rehaussé de blanc.

CHENAVARD

172 — Arabesques et croquis divers.

Seize dessins à la plume, et crayon noir.

CHOFFARD (P.-P.)

173 — Fleuron avec portrait, et deux amours.

A la sanguine.

174 — Encadrement ; en haut, un portrait et attributs de musique.

Au crayon noir.

CHOFFARD (P.-P.)?

175 — Fleuron avec portrait et attributs.

A la plume, et lavis d'encre de Chine.

CHOQUET

176 — Fleuron, avec attributs de musique.

Au lavis de bistre.

COLOMBET

177 — Triomphe de Bacchus, Frise.
Au lavis d'encre de Chine.

CORTONE (PIETRO DE)

178 — Décoration pour un plafond ; au milieu, est représentée la Transfiguration.
A la plume et lavis de bistre.

CROZATO

179 — Statue sur un piédestal.
A la plume et lavis de bistre.

CUVILLIER

180 — Décoration pour plafond.
Au crayon noir.

181 — Un Reverbère, surmonté de la couronne royale.
Aquarelle.

DECKER

182 — Plafond richement ornementé.
A la plume et lavis d'encre de Chine.

183 — Dessin pour un autel.
A la plume et lavis d'encre de Chine.

184 — Décoration pour plafond.
A la plume et lavis d'encre de Chine.

DELAFOSSE

185 — Fleuron, avec médaillon et attributs de musique.
Au lavis d'encre de Chine.

186 — Trophée d'attributs des arts.
A la plume et lavis d'encre de Chine.

187 — Trophée d'attributs divers.
A la plume et lavis d'encre de Chine.

DELAFOSSE

188 — Chandelier d'église.
A la plume.

189 — Tables, consoles, etc. Huit sujets sur une même feuille.
A la plume.

190 — Mausolée, avec figures allégoriques.
A la plume et lavis de bistre.

DELARUE

191 — Amours. Décoration pour dessus de boîte.
A la plume et lavis d'encre de Chine et d'aquarelle.

192 — Deux femmes soutenant un vase.
A la plume et lavis de bistre.

193 — Les Arts libéraux.
Six dessins à la plume et lavis de bistre.

DESRAIS

194 — Arabesques. Trois compositions sur une même feuille.
A la plume.

DIEPENBECK

195 — Ornement pour église, en l'honneur de la sainte Vierge.
A la plume et lavis d'encre de Chine.

DIVERS

196 — Arc de triomphe, — Plafond et portique.
Trois dessins.

DUGOURE

197 — Bas-relief pour décoration d'architecture.
Au crayon noir.

DUMONT (LE ROMAIN)

198 — Trophée d'attributs de guerre.
Au lavis de bistre, rehaussé de blanc.

DUMONT (LE ROMAIN)

199 — Composition allégorique pour plafond.
A la plume et lavis d'encre de Chine.

200 — Trophée avec attributs de guerre.
A la plume et lavis d'encre de Chine.

201 — Trophées.
Deux dessins au crayon et sanguine.

DURAND

202 — Un Hôtel de Paris, en 1826.
Au lavis d'encre de Chine, rehaussé de blanc.

203 — Deux panneaux, avec porte au milieu.
Au lavis d'aquarelle.

ÉCOLE FRANÇAISE DU XVIIIᵉ SIÈCLE

204 — Guirlandes de fleurs.
Deux peintures sur fond grisaille.

ÉCOLE ALLEMANDE DU XVIIᵉ SIÈCLE

205 — Encadrement pour portrait, avec figures allégoriques; en bas, une vue de Moscou.
A la plume et lavis d'encre de Chine.

206 — Dessins pour vitraux, avec ornements et figures.
Deux dessins à la plume et lavis d'encre de Chine.

ÉCOLE ITALIENNE DU XVIIᵉ SIÈCLE

207 — Une Aiguière; sur la panse est représenté Neptune et une déesse.
Au lavis de bistre, rehaussé de blanc.

208 — Angle d'un plafond.
Au lavis d'encre de Chine et sanguine.

209 — Arabesques avec tritons et chevaux marins.
Deux dessins à la plume et lavis de bistre.

ÉCOLE ITALIENNE

210 — Portique d'un palais.
Beau dessin à la plume et lavis de bistre.

ÉCOLE MODERNE

211 — Décoration de théâtre, — Panneau décoratif avec vase au milieu.
Deux dessins à l'aquarelle et lavis de bistre.

EISEN (Ch.)

212 — Buste d'homme dans un médaillon posé sur un mosolée, couronné par une muse.
A la plume.

213 — Groupe d'amours représentant les arts.
Au lavis d'encre de Chine.

214 — Vases.
Quatre dessins au lavis d'encre de Chine et d'aquarelle.

FLAMAND (F.)

215 — Groupes d'amours. Quatre sujets sur une même feuille.
Au crayon noir.

FONTANIEU

216 — Un vase pour jardin.
A la plume et lavis de bistre, rehaussé de blanc.

FORTY

217 — Pendule en forme de vase supporté par deux amours.
A la plume et lavis d'encre de Chine.

FRAGONARD (H.)

218 — Les Éléments. Suite de quatre dessins de formes rondes.
A la sanguine.

FRANCINE

219 — Un côté de galerie.
A la plume et lavis d'encre de Chine.

GERMAIN

220 — Une soupière.

    Beau dessin à la plume et lavis d'encre de Chine et d'aquarelle.

GIARDINI

221 — Vases.

    Deux dessins à la plume et lavis de bistre.

222 — Vases, richement ornés.

    Deux dessins au lavis de bistre, rehaussés de blanc.

GIRARDON

223 — Un mausolée, avec figures allégoriques.

    A la plume et lavis de bistre.

HABERMAN

224 — Chaires à prêcher.

    Six dessins aux crayons noir et blanc, sur papier bleu.

225 — Burette richement ornementée.

    Au lavis d'encre de Chine.

HANEUSE (Jacques)

226 — Vue et perspective de l'église de Sainte-Marie-de-la-Paix, à Rome.

    A la plume et lavis d'encre de Chine.

HOPFER (D.)

227 — Les saisons. Quatre sujets sur une même feuille.

    A la plume et lavis d'aquarelle.

HUET (J.-B.)

228 — Trophée pastoral.

    A la plume et lavis de bistre.

JACQUES

229 — Vase avec anses formées par deux serpents.

    Au crayon noir.

230 — Vases de jardin.

    Deux dessins au lavis d'encre de Chine.

JOUVENET

231 — Gloire d'anges.

Au lavis de bistre et sanguine.

JOYANT (J.)

232 — Vues de monuments vénitiens.

Deux dessins au crayon noir.

LAFAGE (R. DE)

233 — Nymphes et Tritons.

Au crayon noir.

LAJOUE

234 — Riche décoration pour un théâtre.

A la plume et lavis d'encre de Chine et de bistre.

LALONDE

235 — Tables. Deux sujets sur une même feuille.

A la plume et sépia.

LASINIO

236 — Arabesques en largeur. Quatre compositions sur deux feuilles.

A la plume et lavis d'encre de Chine.

LAVALÉE-POUSSIN

237 — Paysage avec figures et monuments antiques, en forme d'éventail.

Au lavis d'encre de Chine.

238 — Arabesques.

Deux dessins à l'aquarelle.

LE BARBIER (l'aîné)

239 — Quatre figures de femmes en pied, représentant les saisons.

Au crayon noir. Ont été gravés.

LEBRUN (Ch.)

240 — Un fleuve avec chevaux marins.
A la sanguine.

241 — Le triomphe de Neptune.
A la plume et lavis d'encre de Chine.

242 — Côté d'une galerie.
A la plume et lavis de bistre.

LEJEUNE

243 — La Résurrection.
A la plume et lavis de bistre.

LEMOINE

244 — Ornementation pour un plafond.
A la plume et lavis de bistre.

LENORMAND

245 — Deux vases sur une même feuille.
Au lavis d'encre de Chine.

LEPAUTRE (J.)

246 — Frise, à gauche un amour.
A la plume et lavis de bistre.

247 — Ornementation pour cheminée avec attributs de guerre.
A la plume, sur papier calque.

248 — Frise d'ornements avec figures et animaux.
A la plume.

LIVIOMEUS

249 — Arabesques avec figures et ornements.
Quatre dessins à la plume et lavis d'encre de Chine.

LOIR (A.)

250 — Arabesque en hauteur, avec figures et ornements de feuillages.
A la plume et lavis de bistre.

LUCAS (J.-F.)

251 — Dessins de formes nouvelles pour les trois pièces qui composent la garniture des fusils.
A la plume et encre de Chine.

LUTMA (J.)

252 — Dessins pour miroirs à main.
A la plume et lavis d'encre de Chine.

253 — Un fond de coupe avec personnages.
A la plume et lavis de bistre.

MANŒCHI (J.)

254 — Grotesques.
Au lavis de bistre.

MATHIAS

255 — Fleuron où est représenté le char d'Apollon.
A la plume et lavis de bistre.

MAVELOT

256 — Chiffre formé de plusieurs lettres entrelacées.
A la sanguine.

HANS-MEELICH

257 — Arabesques avec figures d'amours.
A la plume et lavis de bistre, dessin au recto et au verso.

MEISSONIER

258 — Décoration pour un plafond.
A la plume et lavis de bistre.

MIGNARD (P.)

259 — Allégorie religieuse. Composition pour un plafond.
A la plume.

MINIATURE

260 — Lettre ornée, tirée d'un manuscrit.
Sur vélin.

MITELLI

261 — Dessin d'un meuble en bois sculpté
A la plume et lavis d'encre de Chine.

262 — Dessus de cheminée.
A la plume et lavis de bistre.

263 — Cartouche ornementé.
A la plume.

264 — Encadrement pour une glace
Au lavis de bistre, rehaussé de blanc.

265 — Cartouches et socles.
A la plume et lavis de bistre.

266 — Cartouches, avec entourages d'attributs guerriers.
Deux dessins au lavis d'encre de Chine.

MORISSON

267 — Bijoux. 22 sujets sur une même feuille.
A la plume et lavis d'aquarelle.

NILSON

268 — Porte avec ornementation.
A la plume et lavis d'encre de Chine.

269 — Un traîneau.
A la sanguine.

NINEGEN

270 — Plafond et décoration d'un théâtre.
Deux dessins au lavis d'aquarelle.

271 — Plafond.
Au lavis d'encre de Chine et d'aquarelle.

OPPENOR

272 — Arc de triomphe, aux armes du Roi.
Beau dessin au lavis d'encre de Chine et d'aquarelle.

PANINI

273 — Intérieur d'église.
> A la plume et lavis d'encre de Chine.

274 — Galerie d'un palais.
> Au lavie d'encre de Chine.

275 — Décoration d'Autel : en haut, la vierge et l'Enfant Jésus dans un médaillon soutenu par des anges, en bas deux figures de saints,
> A la plume et lavis de bistre.

276 — Ornementation pour le haut d'un autel, au milieu est représentée : l'Annonciation.
> A la plume et lavis d'encre de Chine et de bistre.

277 — Galerie d'un palais.
> A la plume et lavis d'encre de Chine.

PASSE (Crispin de)

278 — Une cheminée.
> A la plume et lavis de bistre.

PERCENET

279 — Vase, au milieu une tête de bélier.
> Au lavis de bistre.

PERCIER et FONTAINE

280 — Décoration pour un fond de galerie.
> Aquarelle.

281 — Arabesques.
> Trois dessins à la plume.

282 — Maître-autel projeté pour la Basilique de Notre-Dame-de-Paris.
> Aquarelle.

PETITOT

283 — Vases représentant les éléments.
> Suite de quatre dessins à la plume.

PETITOT

284 — Le feu. Trophée avec attributs guerriers.
Deux dessins à la plume.

PETRAZZI (Stefano)

285 — Monument avec figures allégoriques et ornements, à la
gloire de Pie IV, souverain Pontife.
A la plume et lavis de bistre.

PEYRE

286 — Vue d'un théâtre.
Au lavis d'encre de Chine.

PICART (B.)

287 — Fleuron avec ornements et figures.
A la plume et lavis d'encre de Chine.

PIERRE (J.-M.)

288 — Groupe d'amours.
Au crayon noir.

PIERRETZ

289 — Une cheminée.
A la plume et lavis d'encre de Chine.

PIRANESI

290 — Vase, avec monuments dans le fond.
A la plume.

POLIDORE DE CARAVAGE

291 — Vases avec anses.
Deux dessins à la plume et lavis de bistre.

PRIEUR

292 — Arabesques en largeur, avec deux cornes d'abondance.
Au lavis de bistre.

293 — Panneau décoratif avec porte et fenêtre.
A la plume.

PRIEUR

294 — Ornements, formés de fleurs et feuillage. Deux dessins.

Au lavis de bistre, rehaussés de blanc.

PRUD'HON (P.-P.)

295 — Frises avec ornements et figures.

Au crayon noir.

RANSON

296 — Encadrement de glace.

A la plume.

297 — Grand panneau. Arabesque.

Aquarelle.

298 — Montant d'ornement avec figure de faune.

Au lavis d'aquarelle.

299 — Arabesques. 3 sujets sur une même feuille.

Aquarelle.

300 — Vase et bouquet de fleurs, avec entourages ornementés. Deux dessins sur une même feuille.

A la plume et lavis d'encre de Chine.

301 — Chambre à coucher avec alcôve.

Au lavis d'encre de Chine et d'aquarelle.

RANSON (?)

302 — Fleuron avec trophée d'attributs divers.

Aquarelle.

ROGG (G.)

303 — Dessins pour décoration de tabatières.

Trois dessins à la plume et lavis d'encre de Chine.

ROSSIS (Angelo)

304 — Dessus de porte et glace.

A la plume et lavis de bistre.

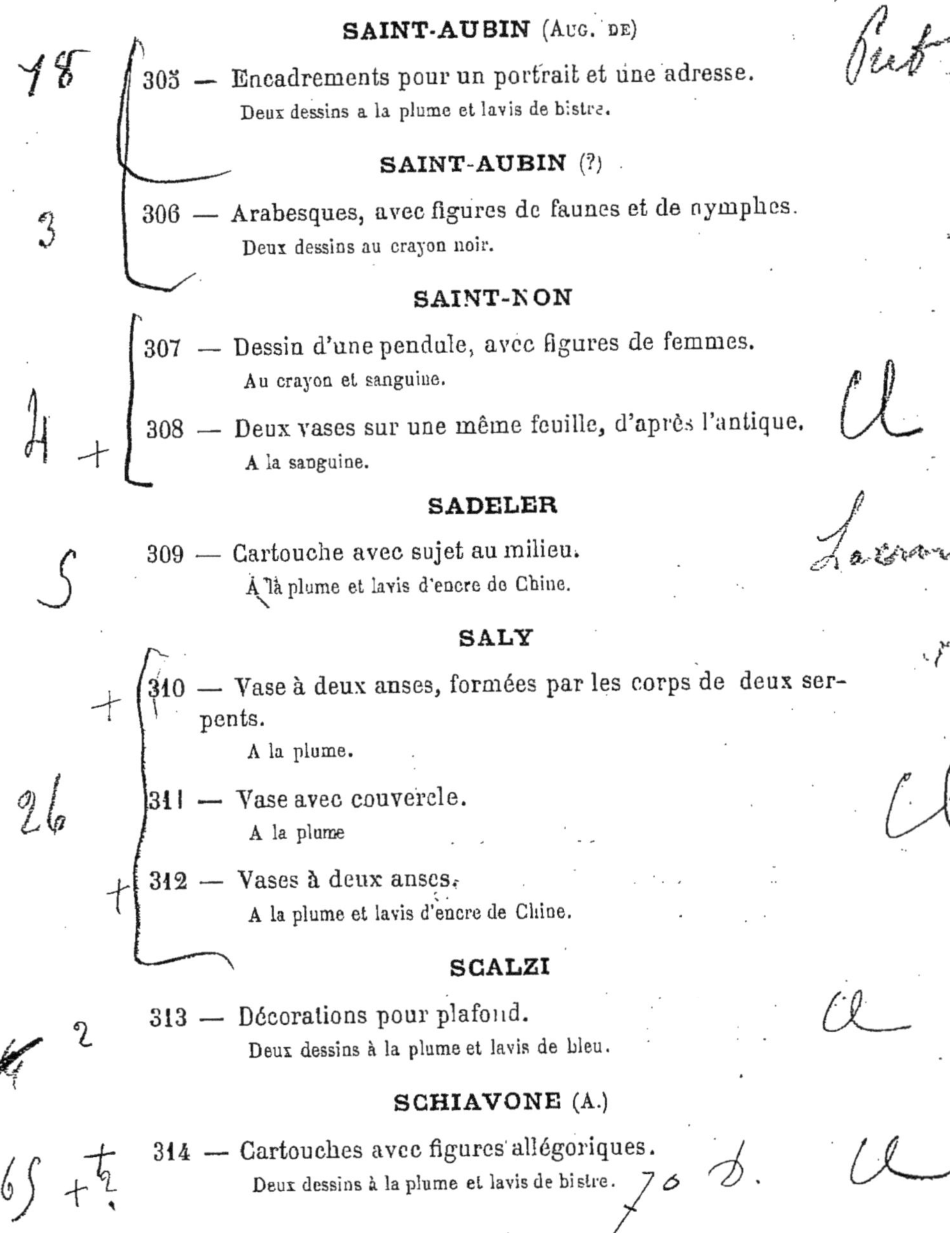

SAINT-AUBIN (Aug. de)

305 — Encadrements pour un portrait et une adresse.
Deux dessins a la plume et lavis de bistre.

SAINT-AUBIN (?)

306 — Arabesques, avec figures de faunes et de nymphes.
Deux dessins au crayon noir.

SAINT-NON

307 — Dessin d'une pendule, avec figures de femmes.
Au crayon et sanguine.

308 — Deux vases sur une même feuille, d'après l'antique.
A la sanguine.

SADELER

309 — Cartouche avec sujet au milieu.
A la plume et lavis d'encre de Chine.

SALY

310 — Vase à deux anses, formées par les corps de deux serpents.
A la plume.

311 — Vase avec couvercle.
A la plume

312 — Vases à deux anses.
A la plume et lavis d'encre de Chine.

SCALZI

313 — Décorations pour plafond.
Deux dessins à la plume et lavis de bleu.

SCHIAVONE (A.)

314 — Cartouches avec figures allégoriques.
Deux dessins à la plume et lavis de bistre.

SOUFFLOT

315 — Un Mausolée avec figures allégoriques.
A la sanguine.

THIEBEL

316 — Fleurons.
Deux dessins à la sanguine.

THORNHILL (J.)

317 — Fresque de Greenwich.
A la plume et lavis d'encre de Chine.

TORO (J.-B.)

318 — Vase avec figures de faunes et de jeunes satyres.
A la plume et lavis d'encre de Chine, est accompagné de la gravure en contre-partie, par C. Cochin.

319 — Vase avec figures de femmes.
A la plume et lavis d'encre de Chine.

UDINE (J. D')

320 — Grotesques.
Deux dessins à la plume.

321 — Grotesques.
A la plume.

322 — Tête de femme.
A la plume.

323 — Décoration d'un côté de galerie.
A la plume et lavis de bistre.

VAGA (Perino del)

324 — Un Bouclier.
A la plume et lavis de bistre.

325 — Ornement avec figures de femmes et amours.
A la plume et lavis de bistre.

326 — Fenêtre et croquis d'ornement.
A la plume et lavis de bistre.

VIGO (Eneas)

327 — Vases. Deux dessins sur une même feuille.

Au lavis de bistre, rehaussé de blanc.

VINSAC

328 — Salières et sucrier. Cinq sujets sur une même feuille.

Au lavis d'encre de Chine et de bleu.

VISENTINI (Ant.)

329 — Cartouches richement ornementés.

Deux dessins à la plume et lavis d'encre de Chine.

VISCONTI (Pietro)

330 — Ornementation pour plafond.

Deux dessins à la plume.

VOUET (S.)

331 — Montant d'ornement.

A la plume et lavis d'encre de Chine et d'aquarelle.

WAEL (C. de)

332 — Cartouches et arabesques.

Suite de six dessins à la plume, dont un pour titre.

WATTEAU (École de)

333 — Panneau avec arabesques, au milieu. Diane partant pour la chasse.

A la plume et lavis d'encre de Chine.

WATTIER (Émile)

334 — Titre pour le Journal la Mode, revue du monde élégant.

Au crayon noir.

335 — Un Rendez-vous de chasse. Composition en forme d'éventail.

Au crayon noir.

WITT (DE)

336 — Groupes d'amours.
Deux dessins au crayon noir.

WOLFF (J.)

337 — Cartouche avec feuillages et entrelacs.
A la sanguine.

338 — Chiffres et grotesques.
Trois dessins à la plume et lavis d'encre de Chine ; ils sont accompagnés des gravures.

Imprimerie PILLET et DUMOULIN, rue des Grands-Augustins, 5, à Paris.

M. Denot

haut ————————— 11° 8

1 h.
2 vol. ————————— 35

www.ingramcontent.com/pod-product-compliance
Ingram Content Group UK Ltd.
Pitfield, Milton Keynes, MK11 3LW, UK
UKHW021151140726
13695UKWH00005B/2067